DU CURAGE

DES

COURS D'EAU

NON NAVIGABLES NI FLOTTABLES

PAR

P. LESCUYER

VICE-PRÉSIDENT DU CONSEIL DE PRÉFECTURE DE L'AUBE.

(EXTRAIT DE *LA FRANCE JUDICIAIRE*)

PARIS

A. DURAND et **PEDONE-LAURIEL**, Éditeurs,

LIBRAIRES DE LA COUR D'APPEL ET DE L'ORDRE DES AVOCATS

G. PEDONE-LAURIEL, SUCCESSEUR

13, rue Soufflot, 13.

1885

DU CURAGE
DES COURS D'EAU
NON NAVIGABLES NI FLOTTABLES

DU CURAGE

DES

COURS D'EAU

NON NAVIGABLES NI FLOTTABLES

PAR

P. LESCUYER

VICE-PRÉSIDENT DU CONSEIL DE PRÉFECTURE DE L'AUBE.

(Extrait de *LA FRANCE JUDICIAIRE*)

PARIS

A. DURAND et PEDONE-LAURIEL, Éditeurs,

LIBRAIRES DE LA COUR D'APPEL ET DE L'ORDRE DES AVOCATS

G. PEDONE-LAURIEL, Successeur

13, rue Soufflot, 13.

1885

DU CURAGE

DES COURS D'EAU

NON NAVIGABLES NI FLOTTABLES

———

1. — De ce que les rivières non navigables ni flottables n'appartiennent pas à l'État, il ne faut pas en conclure que les riverains en sont les maîtres absolus [1].

2. — Toutes les mesures destinées à pourvoir à la salubrité ou à prévenir ou réparer les désastres des inondations, appartiennent essentiellement à l'administration, à titre de police [2].

Nous retrouvons toutefois ici les limites qui circonscrivent partout et toujours le pouvoir de police. L'administration n'est appelée à créer ni droits, ni obligations ; sa mission est uniquement de faire respecter les droits consacrés au profit du public et de pourvoir aux obligations imposées à chacun pour le plus grand bien de tous.

3. — Le pouvoir de police, dans son expression la plus haute, est l'attribut du chef de l'État. Dans chaque département, le préfet l'exerce par délégation ; en matière de cours d'eau notamment, ses pouvoirs sont très étendus. La délégation du maire est loin d'être aussi importante ; le régime des eaux n'est point de son domaine ; ce n'est que dans les points qui touchent à la police municipale qu'il comporte sa surveillance et son action [3].

Par mesure de police, l'administration a donc le droit incontestable d'ordonner les travaux d'entretien qu'elle juge nécessaire à la conservation des eaux, entre autres, les travaux de curage. Le cours régulier des eaux prévient les débordements, restreint le périmètre des terrains trop humides, dont il facilite l'égouttement et contribue efficacement à l'assainissement des vallées ; il est aussi très utile s'il s'agit de l'irrigation des propriétés et de son utilisation pour les usines [4].

1. *De la propriété des cours d'eau non navigables ni flottables,* par A. BOULÉ (*France judiciaire*).

2. DAVIEL, t. II, n° 717.

3. Loi du 5 avril 1884:

4. Par une circulaire du 21 juin 1878, le ministre des travaux publics a invité les

4. — Nous laisserons de côté tout ce qui concerne les irrigations, les drainages, les desséchements de terrains marécageux, les endiguements, les règlements d'eau pour ne nous occuper que du curage.

Quatre lois régissent cette matière : celle des 12-20 août 1790; celle du 5 avril 1884; celle du 14 floréal an XI, et celle du 21 juin 1865.

5. — Avant d'en étudier les dispositions dans des chapitres spéciaux, donnons quelques notions générales sur la question qui nous occupe.

6. — Que faut-il entendre par cours d'eau non navigables ni flottables? Tous les cours d'eau qui ne sont pas classés comme navigables et flottables et qui ont un cours pérenne.

Cette définition très simple a l'immense avantage d'écarter immédiatement les canaux dits fossés de clôture ou servant uniquement à l'écoulement des eaux pluviales provenant des terres riveraines[1].

La jurisprudence s'est cependant quelquefois écartée de cette règle générale et a décidé dans certains cas spéciaux, que la loi de floréal pouvait s'appliquer aux canaux de desséchement[2] et d'arrosage[3]; aux fossés servant de canaux d'irrigation[4], de décharge[5] et d'assainissement[6]; au canal dérivé d'une rivière non navigable ni flottable[7]. Les canaux dérivés d'une rivière navigable et flottable, rendant après un certain parcours l'eau à son cours naturel, ainsi que les bras non navigables de ces rivières, sont assimilés aux rivières elles-mêmes, et font, comme elles, partie du domaine public[8].

7. — Ceci posé, recherchons en quoi consiste le curage. Le curage n'a pas seulement pour objet d'enlever la vase et les déblais de toutes sortes; il comprend aussi le recepage des arbres et buissons faisant saillie sur le cours d'eau[9], en un mot tous les travaux nécessaires pour faire disparaître tous les obstacles qui s'opposent au libre cours des eaux, de manière à rétablir le lit dans ses vieux bords et ses vieux fonds. L'administration ne pourrait, sous prétexte de curage, faire procéder au redressement ou à l'élargissement du lit d'une rivière; ici, on touche au droit de propriété, on tombe dans les règles nécessaires pour un travail d'utilité

préfets à prendre des arrêtés réglementaires de police, concernant exclusivement les cours d'eau non navigables ni flottables. Le modèle joint à la circulaire n'est que la reproduction de certaines dispositions législatives; mais ces arrêtés préfectoraux ne peuvent rien changer à ce que nous allons dire au sujet du curage.

1. Conseil d'État, 13 août 1867, Quillet.
2. Ordonnance, 17 juillet 1839, Gay.
3. Décret, 16 avril 1851, Thomassin de Saint-Paul.
4. Décret, 24 mars 1849, Burgand.
5. Conseil d'État, 28 juillet 1869, Boucher.
6. Conseil d'État, 18 avril 1860, Chauveau.
7. Conseil d'État, 20 août 1864, Bisson.
8. Ordonnance, 11 février 1834, Petot; 18 mai 1846, Gendarme; 28 janvier 1835, Deschamps; 8 mars 1844, Hirt.
9. Lorsque des arbres ont leur pied dans le lit même du cours d'eau, le propriétaire riverain n'est pas fondé à réclamer une indemnité à raison de ce que ses arbres ont été arrachés. (Conseil d'État, 18 avril 1860, Chauveau.)

publique, il faut recourir à l'expropriation dans les formes de la loi du 3 mai 1841 [1].

8. — Maintenant que nous savons quels cours d'eau doivent être réputés non navigables ni flottables, et en quoi peut consister un curage, étudions les différents modes d'application des lois actuellement en vigueur [2].

I.

Lois des 12-20 août 1790 et 5 avril 1884.

9. — Une loi du 22 décembre 1789 (section III, art. 2) charge les administrations de départements, sous la surveillance du chef de l'État... *de maintenir la salubrité, la sûreté et la tranquillité publiques.* Cette loi a été suivie d'une instruction de l'Assemblée nationale qui a force de loi, et qui a été considérée comme telle par les auteurs, puisque dans tous les livres on ne parle que de la loi des 12-20 août 1790. Au chapitre VI de cette instruction il est dit : « Les administrations départementales devront rechercher et indiquer les moyens de procurer le libre cours des eaux. »

C'est en vertu de ces dispositions que les préfets deviennent compétents s'il s'agit de prescrire un curage en vue de prévenir les inondations ou de satisfaire les besoins sanitaires d'une localité; seulement ils ne peuvent statuer que par un arrêté spécial à l'objet. Leur compétence est restreinte aux nécessités du moment, aux besoins d'un curage accidentel et temporaire [3].

10. — Si ce que l'on entend en langage administratif par curage de vieux fonds et vieux bords ne suffit pas; s'il faut procéder à des élargissements, redressements, endiguements et approfondissements du lit, il faut recourir à un règlement d'administration publique. Le préfet commettrait un excès de pouvoirs s'il se rendait compétent en pareille matière [4].

11. — De ce qui précède, il résulte clairement qu'un maire ne peut jamais prescrire le curage d'un cours d'eau dans la traversée de sa commune, à moins qu'il n'agisse en vertu d'une délégation spéciale du préfet [5].

1. Décret, 15 décembre 1853, Biennais; 9 décembre 1864, Bourbon;— Conseil d'État, 21 octobre 1871, conflit de la Gironde; 17 juillet 1862, Cauche; 30 novembre 1862, de Villeneuve Bargemont; 6 mars 1869, Mauduit de Fay; 1er décembre 1859, Bonnard; 22 décembre 1859, Gouchon.

2. DUFOUR, *Traité général de droit administratif*, t. V, chap. II; — DE PASSY, *Étude sur le service hydraulique;*— AUCOC, *Conférences sur l'administration et le droit administratif*, t. II; — DALLOZ, *Répertoire de législation et de jurisprudence;* — DAVIEL, *Traité de la législation et de la pratique des cours d'eau.*

3. Conseil d'État, 12 avril 1866, Corbière; 27 mai 1868, Rouyer; 15 mai 1869, Gresset; 13 décembre 1872, département d'Ille-et-Vilaine.

4. Conseil d'État, 2 décembre 1859, Gouchon; 6 mars 1869, Mauduit de Fay; 14 mars 1873, commune de Manguio.

5. Cassation, 17 mai 1862, Ortoli; 23 janvier 1858, Génin et consorts; — Conseil d'État, 23 avril 1865, Chauveau.

12. — Dans l'état actuel de la législation il ne pourrait intervenir, comme nous l'avons dit précédemment, que dans l'intérêt de la salubrité publique. Ce droit, qui lui était accordé par la loi des 16-24 août 1790, aujourd'hui abrogée, lui a été conservé par la loi du 5 avril 1884 :

Le maire est chargé, sous la surveillance de l'administration supérieure, de la police municipale, de la police rurale... (Art. 91.) — La police municipale a pour objet d'assurer le bon ordre, la sûreté et la salubrité publiques... (Art. 97.)

Ainsi, par exemple, si les riverains d'un fossé y laissent accumuler des matières pouvant donner naissance à des émanations insalubres, ou s'ils y ont élevé des constructions nuisibles, le maire peut prescrire l'enlèvement de ces constructions et de ces matières[1]. Tous les arrêtés municipaux pris pour d'autres motifs seraient entachés d'excès de pouvoirs et, partant, d'illégalité.

13. — Dans ces deux cas, prévus par les lois de 1790 et 1884, les arrêtés pris par les préfets ou les maires doivent avoir un caractère spécial et temporaire. Ce sont des actes d'administration pure pris dans les limites des pouvoirs qui leur sont confiés par la loi. Aussi, le ministre seul sera compétent pour connaître de la justice et de l'opportunité de l'arrêté préfectoral ; le recours au conseil d'État n'est ouvert que dans le cas d'excès de pouvoirs ; il doit se produire dans les trois mois qui suivent la notification ou la mise à exécution[2]. Le préfet est compétent pour juger l'arrêté pris par le maire ; il peut l'annuler ou en suspendre l'exécution[3].

14. — L'arrêté de curage, pris en vertu de la loi de 1790 et de celle de 1884, ne pourra ordonner que le curage proprement dit, c'est-à-dire l'enlèvement de la vase et déblais qui peuvent entraver le cours des eaux ou nuire à la salubrité publique. Il devra indiquer l'époque à laquelle tous les travaux de curage devront être terminés, et avertir les propriétaires que ce délai passé, les travaux seront exécutés d'office et à leurs frais, après vérification de l'état des lieux. Il se reportera à la loi de floréal pour la répartition des dépenses et leur recouvrement.

15. — Dans les arrêtés ou décrets de curage pris en conformité de la loi de floréal an XI ; dans les projets d'associations syndicales créées par la loi de 1865, nous ne trouvons aucune disposition relative aux produits du curage. Faudra-t-il qu'il en soit question dans les arrêtés pris en conformité des lois de 1790 et 1884 ? Nous ne le croyons pas, et les raisons que nous allons donner à l'appui de notre opinion s'appliquent dans tous les cas de curage.

Tout riverain doit supporter le jet des produits du curage sur sa berge, de même qu'il doit un libre passage aux ouvriers chargés de ce travail. C'est là une servitude résultant de la situation des lieux, comme l'obligation

---

1. Conseil d'Etat, 13 août 1867, Quillet.
2. Conseil d'État, 9 novembre 1868, Méplain ; — Décret, 22 juillet 1806.
3. Loi du 5 avril 1884, art. 95 et 96.

du curage, c'est-à-dire l'obligation d'assurer le libre cours des eaux est une conséquence de la servitude naturelle consacrée par l'article 640 du code civil. C'est par suite de l'espèce de communauté et de la réciprocité de profits et de charges qui existent entre tous les riverains d'un même cours d'eau, qu'ils doivent tous contribuer aux frais de curage et aux dépenses des travaux de conservation qui sont nécessaires pour assurer et pour maintenir le libre écoulement des eaux et leur juste répartition dans l'intérêt général. C'est en vertu de ce principe que le conseil d'État a jugé qu'une association syndicale n'était pas obligée de prendre les produits du curage à sa charge, les propriétaires riverains devant les recevoir sur leur berge[1]. C'est ce qui a fait dire aussi à M. Daviel, que le propriétaire avait le droit, quand même il n'aurait pas exécuté les travaux de curage, d'empêcher les ouvriers d'emporter les produits du curage. Si ces produits ne peuvent être utilisés par les propriétaires riverains, ou si leur séjour sur les berges peut nuire à la salubrité publique, ce qui arriverait quand le cours d'eau traverse une ville, l'acte qui prescrit le curage peut contenir une disposition par laquelle les produits du curage devront être transportés dans un endroit choisi par l'administration ou vendus pour arriver en déduction des dépenses.

16. — En règle générale, les travaux sont exécutés par les propriétaires. Après le délai fixé par l'arrêté, il est procédé à leur vérification par les soins du maire, d'un ingénieur et de l'agent qui en a eu la surveillance. Il est dressé procès-verbal.

17. — Les propriétaires qui n'auraient pas exécuté les travaux ou qui n'auraient pas suivi les indications données dans l'arrêté, sont mis en demeure de se conformer à ses prescriptions dans un délai qui leur est assigné[2]. Si cette mise en demeure reste sans résultat, le préfet, ou le maire dans le cas où il est compétent, peuvent faire exécuter d'office les travaux, aux frais des riverains.

18. — Ces travaux, une fois exécutés, sont à nouveau vérifiés; le décompte en est dressé; masse des dépenses est faite, et le dossier complet est soumis à l'approbation du préfet ou du maire, puisque nous prévoyons les deux cas.

19. — Les dépenses occasionnées par un curage comprennent :

1° Les honoraires des rédacteurs de plans et de projets de curage[3];

2° Le traitement des gardes-rivières ou autres employés chargés de la surveillance des travaux[4];

3° Les travaux de curage proprement dits. Cette dernière dépense n'existe que quand les riverains n'ont pas voulu exécuter eux-mêmes les travaux.

20. — Quand il a été fait masse des dépenses à la suite du décompte des

1. Conseil d'État, 27 juin 1867, commission syndicale de l'Osme.
2. Conseil d'État, 6 mars 1869, Jacquemet; 6 août 1870, commune d'Orange.
3. Décret, 18 novembre 1853, Watel; 7 décembre 1854, Bryon.
4. Décret, 15 décembre 1853, de Biennais.

2

travaux et que ce décompte a été approuvé par l'autorité compétente, il faut dresser le rôle et assigner à chaque propriétaire la somme qu'il aura à payer. Question délicate et qui donne lieu à bien des contestations, car si la plupart du temps tous les propriétaires demandent le curage, bien peu acceptent sans réclamation la note à payer.

21. — Voici la règle générale à suivre en pareille matière : pour imposer chaque propriétaire équitablement il faut partir de ce principe, que les frais ne doivent retomber que sur les propriétaires intéressés à l'opération, et que la taxe de chacun doit être *corrélative au degré d'intérêt* qu'il a dans les travaux, ce qui fait qu'un propriétaire qui n'est pas riverain peut se trouver imposé s'il a un intérêt direct à ce que le curage soit effectué. Cette règle ne reçoit d'exceptions que quand il existe d'anciens règlements ou usages locaux indiquant la part que chaque propriétaire doit supporter dans la dépense[1]. Aussi le conseil d'État a condamné des répartitions pour lesquelles on avait pris comme base la contribution foncière, ou pour des usines, l'impôt foncier cumulé avec la patente[2]. Le rôle, une fois dressé, est rendu exécutoire par le préfet.

22. — En l'absence de dispositions spéciales dans la loi de 1790, c'est la loi de floréal an XI qui doit être exécutée. Ainsi nous pensons que le rôle doit être soumis à l'enquête avant d'être rendu exécutoire par le préfet; pour ce qui concerne le recouvrement des taxes, et les réclamations qui peuvent naître à leur sujet, nous en parlerons au chapitre suivant[3].

23. — D'après ce que nous en avons déjà dit, et nous le verrons encore mieux dans la suite de cette étude, les travaux de curage sont assimilés à des travaux publics. Comme tout travail public, ils peuvent causer des dommages, et par là même, faire naître pour le propriétaire lésé un droit à une indemnité.

24. — Si des parcelles de terrain ont été prises par les ouvriers pour être réunies au lit du cours d'eau, il y a lieu à une indemnité de dépossession en vertu de la loi du 3 mai 1841; seulement, dans ce cas, comme il s'agit d'une question de propriété, c'est le tribunal civil qui sera compétent[4]. Ces empiétements ne pourraient donner le droit aux riverains d'attaquer l'arrêté préfectoral pour excès de pouvoirs que dans le cas où ils auraient été prévus aux plans et devis[5].

25. — Toutes les autres demandes d'indemnité pour dommage causé par un travail public sont de la compétence du conseil de préfecture[6]; ainsi

1. Conseil d'État, 7 juin 1859, Roussel; 18 avril 1860, Chauveau; 16 août 1862, Lafforgue; 26 juin 1862, syndicat de l'Orbize; 31 mars 1870, syndicat de Monteux; 8 novembre 1872, Michelot.
2. Conseil d'État, 12 juillet 1864, Desgrottes; 20 février 1867, syndicat de Saint-Hilaire.
3. Voir nᵒˢ 42 à 48.
4. Conseil d'État, 22 mai 1869, commune de Saint-Félix-de-Lodez; 26 mai 1866, de Maussion.
5. Conseil d'État, 26 mai 1866, de Maussion.
6. Lois du 28 pluviôse an VIII et du 16 septembre 1807, art. 56.

c'est à lui qu'il appartient de connaître de la réclamation d'un usinier qui se plaint du chômage de son usine pendant les travaux de curage; d'un propriétaire qui se prétend lésé parce qu'en effectuant les travaux, les ouvriers ont détruit un gué dont il se servait; d'un propriétaire sur le terrain duquel on aurait déposé provisoirement des pierres, bois ou autres matériaux nécessaires pour les travaux[1].

26. — Nous avons déjà dit que les travaux de curage comprenaient les honoraires des ingénieurs ou architectes qui ont dressé les plans, et qu'ils étaient recouvrés par les mêmes moyens que les autres dépenses; mais il peut arriver qu'il y ait contestation sur le chiffre même de ces honoraires. C'est au conseil de préfecture qu'il appartient d'en fixer le quantum[2].

II.

Loi du 14 floréal an XI.

27. — La loi des 16-24 août 1790 prévoit les cas urgents, les mesures spéciales et temporaires; la loi du 14 floréal an XI, au contraire, traite des dispositions réglementaires permanentes.

Il sera pourvu au curage des canaux et rivières non navigables ni flottables et à l'entretien des digues et ouvrages d'art qui y correspondent, de la manière prescrite par les anciens règlements ou d'après les usages locaux. (Art. 1.)

Lorsque l'application des règlements ou l'exécution du mode consacré par l'usage éprouvera des difficultés, ou lorsque des changements survenus exigeront des dispositions nouvelles, il y sera pourvu par le gouvernement, dans un règlement d'administration publique, rendu sur la proposition du préfet du département. (Art. 2.)

La loi de floréal, non contente de mettre le curage et l'entretien du libre cours des eaux à la charge des intéressés, en fait pour eux une obligation commune. Et en même temps qu'elle consacre un principe, elle fait la distinction entre le cas où il existe des anciens règlements ou usages locaux et celui où ils doivent être modifiés ou remplacés par d'autres.

28. — Que faut-il donc entendre par anciens règlements ou usages locaux? La jurisprudence et les auteurs nous répondent : les arrêtés du conseil; les arrêts de règlement des parlements ou des maîtrises; les ordonnances des assemblées d'État ou des intendants; les dispositions des coutumes locales; les ordonnances royales; les décrets et même les arrêtés préfectoraux antérieurs à la loi de floréal an XI[3].

Ceci posé, étudions la loi en suivant la distinction qui y est faite.

1. Conseil d'État, 26 février 1867, Vern; 23 mai 1861, syndicat de l'Osme. Il n'est pas dû d'indemnité pour la suppression d'un gué quand les propriétaires qui en faisaient usage n'avaient pas obtenu l'autorisation d'en créer un.

2. Loi du 28 pluviôse an VIII;—Décrets, 13 novembre 1853, Watel; 7 décembre 1854; Bryon.

3. Ordonnance, 1er juillet 1840, Raimbault;—Circulaire ministre de l'intérieur, 10 décembre 1837.

§ 1er. — Règlements anciens. — Usages locaux.

29. — S'il existe des règlements anciens ou des usages locaux, le préfet est compétent pour connaître de leur exécution.

Les préfets statueront sur l'avis ou la proposition des ingénieurs en chef sur les dispositions pour assurer le curage et le bon entretien des cours d'eau non navigables ni flottables, de la manière prescrite dans les anciens règlements ou d'après les usages locaux. (Tableau D, annexé au décret du 25 mars 1852. — Tableau annexé au décret du 13 avril 1861.)

Ainsi donc, lorsqu'il existe d'anciens règlements ou usages locaux, les préfets peuvent prendre des dispositions générales pour l'application de ces règlements, mais bien entendu, en se conformant à leurs prescriptions; ils ont également le pouvoir de faire des règlements pour l'exécution des usages locaux, toujours en se conformant à ces usages[1].

30. — L'arrêté préfectoral pris en vertu du décret de 1852 et en conformité de l'article 1 de la loi de floréal, est un acte d'administration pure, pris dans les limites des pouvoirs qui sont confiés au préfet par la loi; le ministre seul est compétent pour connaître de sa justice ou de son opportunité; c'est ce que l'on peut appeler le recours gracieux[2]. Le recours au conseil d'État par la voie contentieuse n'est ouvert que dans les cas d'excès de pouvoirs; il doit se produire dans les trois mois qui suivent la notification ou la mise à exécution[3].

31. — Toute personne intéressée, un riverain, un maire au nom de sa commune, un conseil municipal au nom des habitants, le service des ponts et chaussées, peuvent solliciter du préfet un arrêté réglementaire; le préfet lui-même peut en prendre l'initiative.

32. — Aux termes du décret du 8 mai 1861, la question est soumise aux ingénieurs des ponts et chaussées, qui présentent un rapport suivi d'un projet d'arrêté.

33. — Le préfet doit alors faire procéder aux formalités d'enquête qu'exigent les anciens règlements ou les usages locaux[4]. En l'absence de dispositions spéciales dans les anciens règlements ou les usages locaux, aucune disposition de loi ne force le préfet à recourir à l'enquête[5]; mais nous pensons qu'il est toujours préférable de recourir à ces formalités, qui ont le double avantage d'appeler l'attention des intéressés sur une mesure

1. Conseil d'État, 1er mars 1866, Berger; 9 décembre 1864, Bourbon; 31 décembre 1869, Ingé.
2. Conseil d'État, 9 novembre 1868, Méplain.
3. Conseil d'État, 5 juin 1862, d'Audigné de Restau; 17 juillet 1862, Cauche; 8 février 1864, Marquet; — Décret du 22 juillet 1806, art. 11.
4. Cassation, 4 mars 1858, Brion; 23 janvier 1854, Picotteau.
5. Cassation, 9 décembre 1864, Bourbon; 26 août 1865, Canal Alaric; — Conseil d'État, 23 janvier 1864, Delauzon.

dont l'exécution les concerne spécialement, et de fixer le préfet d'une manière plus complète sur sa compétence. Dans ce dernier cas, il faudra suivre la même marche que celle qui est tracée pour les règlements d'eau, par les instructions ministérielles du 23 octobre 1851 et 26 décembre 1884.

34. — Un arrêté du préfet annonce qu'un arrêté réglementaire est demandé et met la question de principe à l'enquête. L'enquête a lieu dans la commune ou les communes intéressées pendant le temps fixé par l'arrêté qui l'ordonne; pendant toute la durée de l'enquête, un registre destiné à recevoir les observations de toute personne intéressée aux travaux est ouvert à la mairie.

L'enquête terminée, le dossier est transmis au préfet par les soins du maire.

C'est à la suite de cette première enquête que les ingénieurs présentent un projet d'arrêté.

Ce projet est soumis à une nouvelle enquête en tous points semblable à la première. Arrêtés préfectoraux et enquête sont précédés et suivis de toutes les formalités de publication nécessaires pour que les parties intéressées puissent présenter leurs observations.

35. — Après quoi le préfet transforme en arrêté réglementaire le projet soumis à l'enquête et proposé par les ingénieurs; ordonne son affichage et sa proclamation.

Ces arrêtés contiennent ordinairement les dispositions suivantes, qui sont les plus indispensables :

La rivière de..., dans la partie comprise entre... et..., sera curée à vieux fonds et vieux bords. — Les propriétaires auxquels incombe la charge d'exécuter ce curage, d'après les anciens règlements et usages locaux, seront tenus, chacun pour la partie du cours d'eau qui le concerne, d'enlever les vases, sables, graviers ou autres dépôts, de même que les arbres tombés ou accrus dans le lit de la rivière; d'élaguer les branches basses et pendantes; de faucarder les herbes et les joncs; de faire enfin disparaître tous les obstacles qui s'opposent au libre écoulement des eaux... — En cas de difficulté sur la détermination du vieux fond et des vieux bords, un arrêté préfectoral le constatera après enquête sur l'avis du maire des communes intéressées et des ingénieurs. — Les travaux devront être entièrement terminés le... — A l'expiration de ce délai, il sera procédé à leur vérification et à la constatation de ceux qui ne seraient pas faits ou achevés. — Un arrêté préfectoral pourra ordonner d'office l'exécution des travaux non achevés aux frais des retardataires — Les dépenses seront réparties entre les intéressés par des rôles rendus exécutoires. — Le recouvrement en sera poursuivi comme en matière de contributions directes [1].

36. — L'arrêté préfectoral a donc principalement pour but d'ordonner le curage, conformément aux anciens règlements ou usages locaux, d'indiquer les travaux à effectuer et le temps pendant lequel ils devront être exécutés. Les ingénieurs sont chargés de la surveillance des travaux.

37. — A l'expiration du délai fixé par l'arrêté, les maires, ou le plus sou-

1. Modèle d'arrêté, circulaire ministérielle du 13 décembre 1878.

vent l'agent surveillant des travaux constatent s'ils ont été exécutés conformément aux prescriptions de l'arrêté, si des propriétaires riverains ne les ont pas achevés ou s'ils ont négligé de les faire; le tout est consigné dans un procès-verbal.

38. — Sur un nouveau rapport des ingénieurs, le préfet peut prendre un arrêté ayant pour but de faire exécuter d'office le curage aux frais des riverains; mais cet arrêté ne pourra recevoir exécution qu'après une mise en demeure régulièrement faite aux intéressés d'avoir à procéder aux travaux de curage[1], à moins que les anciens règlements ou usages locaux ne dispensent de la mise en demeure préalable.

39. — Ces travaux exécutés d'office sur une simple série de prix ou sur des plans très complets, suivant leur importance, sont confiés à des entrepreneurs après adjudication; c'est-à-dire qu'ils sont annoncés, et que toute personne qui désire les entreprendre est invitée à déposer une soumission entre les mains des ingénieurs. La soumission qui paraît la plus avantageuse est approuvée par le préfet.

40. — Dès que l'entrepreneur a terminé les travaux, l'agent surveillant en fait la réception et dresse le décompte de l'entreprise. Le procès-verbal est transmis au préfet qui l'approuve.

41. — Comme nous l'avons vu au chapitre précédent, les frais occasionnés par le curage comprennent : les honoraires des rédacteurs des plans; le traitement du garde-rivière ou autre employé chargé de la surveillance des travaux; les travaux de curage proprement dits exécutés par un entrepreneur pour le compte des riverains. Dès qu'il a été fait masse de ces dépenses, et que le procès-verbal de réception des travaux a été approuvé par le préfet, il faut en opérer la répartition entre les propriétaires intéressés; cette répartition se fait ordinairement par les soins des ingénieurs, sous la surveillance du préfet.

Les rôles de répartition des sommes nécessaires au payement des travaux d'entretien, de réparation ou de reconstruction, seront dressés sous la surveillance du préfet, rendus exécutoires par lui, et le recouvrement s'en opérera de la même manière que celui des contributions publiques. (Loi de floréal, art. 3.)

L'impôt direct est celui qui se perçoit au moyen de rôles nominatifs et atteint les détenteurs présumés de la richesse acquise. Quand le chiffre total de l'impôt est fixé par une loi ou un arrêté et réparti entre les communes ou les individus, on lui donne le nom d'impôt de répartition. Comme nous venons de le voir, la loi de floréal assimile les taxes de curage aux contributions directes. Le recouvrement s'en opère suivant des formes indiquées dans les lois des 21 avril 1832 et 4 août 1844.

42. — Dans le cas qui nous occupe, la répartition se fait suivant les bases établies par les anciens règlements ou les usages locaux. Le rôle de répartition est soumis à l'enquête et c'est seulement après cette formalité qu'il est rendu exécutoire par le préfet.

1. Conseil d'État, 6 mars 1869, Jacquemet; 6 août 1870, commune d'Orange.

43. — La loi de floréal contient encore une disposition relative aux réclamations qui peuvent naître au sujet de l'exécution des travaux, de la confection des rôles et de leur recouvrement :

Toutes les contestations relatives au recouvrement des rôles, aux réclamations des individus imposés et à la confection des travaux, sont portées devant le conseil de préfecture, sauf recours au conseil d'État. (Art 4.)

44. — Le conseil de préfecture est donc compétent pour connaître des réclamations qui peuvent s'élever au sujet de l'exécution des travaux. Il ne faut pas croire cependant qu'il puisse annuler ou modifier la décision qui a ordonné le curage ; ses pouvoirs se bornent à l'appréciation de la légalité de la décision et à un refus de sanction s'il admet les réclamations qui lui sont présentées.

Ainsi supposons que le cours d'eau à curer ne soit qu'un simple fossé auquel les dispositions de la loi de floréal ne puissent pas s'appliquer ou bien encore que le curage constitue seulement une mesure d'assainissement prise dans l'intérêt de plusieurs communes ; dans ces deux cas, le conseil ne pourra pas annuler ou modifier l'arrêté préfectoral indûment pris en vertu de la loi de floréal ; il se bornera à apprécier son illégalité en accordant décharge de leurs taxes aux réclamants[1].

45. — S'il s'agit de la confection des rôles et de leur recouvrement, il faut suivre toutes les règles imposées par les lois des 21 avril 1832 et 4 août 1844.

La demande doit être faite dans les trois mois de la publication du rôle[2].

Les réclamations pour des taxes supérieures à 30 francs doivent être formulées sur une feuille de timbre de 60 centimes[3].

Elles ne doivent être accompagnées de la quittance des douzièmes échus que quand l'arrêté prescrit le recouvrement par douzièmes ; cela se comprend, car les taxes de curage ne sont pas nécessairement divisibles par douzièmes[4].

L'avis du directeur des contributions indirectes n'est pas indispensable[5]. L'instruction de l'affaire est confiée ordinairement aux agents qui ont surveillé les travaux.

Pour juger de semblables demandes, le conseil doit examiner si les travaux auxquels les taxes ont pour objet de pourvoir sont de nature à être mis à la charge des propriétaires en vertu de la loi de floréal[6]. De cet examen peut résulter une réduction de taxe ou une décharge. Si le conseil décide qu'il y a lieu de recourir à une expertise pour reconnaître si la déclaration est fondée et si le réclamant a obtenu réduction ou décharge

1. Conseil d'État, 18 avril 1860, Chauveau ; 28 mai 1868, Marais de l'Isac.
2. Conseil d'État, 11 juin 1870, Renaud ; 14 novembre 1873, Gay.
3. Conseil d'État, 22 février 1866, ville d'Estaires.
4. Conseil d'État, 14 août 1867, Delbrel ; 6 août 1870, commune d'Orange.
5. Conseil d'État, 22 août 1868, O'Tard de la Grange et consorts.
6. Conseil d'État, 28 mai 1868, marais de l'Isac.

de sa taxe, les frais d'expertise ne sauraient être mis, même pour partie, à sa charge. Aux termes de l'article 18 de l'arrêté du 24 floréal an VIII, les frais d'expertise ne doivent rester à la charge du contribuable qu'autant que sa réclamation est rejetée[1].

46. — Si la réclamation porte sur ce que des poursuites, en vue du recouvrement de la taxe, auraient été dirigées contre les imposés par une personne qui n'a pas qualité pour cela, c'est devant l'autorité judiciaire, et non devant le conseil de préfecture que la requête doit être introduite[2].

47. — Les jugements rendus par le conseil de préfecture sont susceptibles d'appel devant le conseil d'État. Le pourvoi est introduit, comme en matière de contributions directes, par l'intermédiaire du préfet, sans frais, et doit être déposé dans les trois mois à partir du jour de la notification de l'arrêté du conseil de préfecture[3].

48. — Ici se place naturellement cette question : qui donc payera, si le conseil de préfecture accorde des réductions ou des décharges de taxes aux propriétaires portés au rôle? Si l'État a accordé une subvention pour procéder au curage; si le département ou la commune ont, pour la même cause, inscrit une somme à leur budget, ce sont eux qui doivent supporter cette dépense. Par leur intervention pécuniaire ils sont supposés avoir pris à leur charge la dépense, dans le cas où il serait reconnu par l'autorité compétente que tel ou tel propriétaire n'était pas tenu de contribuer aux travaux[4]. D'un arrêt du conseil d'État, du 13 décembre 1872, on pourrait même conclure qu'ils doivent supporter la dépense entière si tous les propriétaires intéressés étaient déchargés.

Mais si personne n'est intervenu? Les auteurs ne traitent pas cette question. Nous pensons qu'il faudra employer le moyen indiqué par la loi elle-même, recourir à un rôle. En effet, qui doit payer les travaux? les propriétaires intéressés; or, du moment où l'autorité compétente, c'est-à-dire le conseil de préfecture, a décidé que tel propriétaire n'était pas intéressé ou peu intéressé aux travaux, qu'il devait ne rien payer ou seulement une partie de ce qui lui était réclamé, la contribution retombe naturellement sur les autres propriétaires intéressés au curage; c'est l'application rationnelle de la loi.

49. — Tout travail public pouvant causer un dommage dont il est dû réparation, tout citoyen lésé a droit à une indemnité. Sur ce point, comme sur celui concernant les honoraires des architectes ou ingénieurs ayant rédigé les plans et devis des travaux, nous renvoyons à ce que nous avons dit au chapitre précédent, n°s 23 et suivants.

1. Conseil d'État, 26 février 1867, Vern; 26 mai 1869, Magnier Mouchaux.

2. Conseil d'État, 29 mai 1868, marais de l'Isac; 27 février 1874, Tachet.

3. Conseil d'État, 24 novembre 1859, Fournet Brunot; 30 mars 1870, Rouzé; 28 juin 1870, Menétrier; 6 février 1874, de Peyraud et consorts; 14 novembre 1873, Longuet; 12 juin 1874, de Plazanet.

4. Conseil d'État, 13 décembre 1872, département d'Ille-et-Vilaine.

§ 2. — Modifications a apporter dans les règlements ou usages locaux. — Création de nouveaux règlements.

50. — S'il s'agit, en l'absence de tout règlement, de prendre des mesures constituant un règlement général et permanent; s'il est nécessaire de modifier les anciens règlements ou usages locaux; si enfin l'application des règlements ou l'exécution du mode consacré par l'usage éprouve des difficultés, ce n'est plus le préfet qui est compétent.

Lorsque l'application des règlements ou du mode consacré par l'usage éprouvera des difficultés, ou lorsque des changements survenus exigent des dispositions nouvelles, il y sera pourvu, par le gouvernement, dans un règlement d'administration publique rendu sur la proposition du préfet... (Loi du 14 floréal an XI, art. 2.)

Le préfet n'est donc compétent en matière de curage, par application de la loi de floréal, que dans le cas où il existe des anciens règlements ou usages locaux dont l'exécution ne donne lieu à aucune difficulté[1].

51. — Les personnes intéressées, les ingénieurs des ponts et chaussées, peuvent exposer au préfet les difficultés que présente l'exécution des anciens règlements; ils peuvent de même demander des dispositions nouvelles devenues nécessaires par les changements qui ont pu survenir. Le préfet peut aussi prendre l'initiative de ces mesures.

52. — Le règlement d'administration publique est un acte réservé au pouvoir exécutif pour formuler des dispositions législatives en vertu d'une délégation spéciale du pouvoir législatif. Les formalités à remplir pour obtenir un règlement d'administration publique sont assez multiples et demandent beaucoup de temps; nous allons en faire l'énumération.

53. — D'abord, la demande introductive de l'affaire, que ce soit une simple lettre adressée au préfet, une requête sur papier timbré, une délibération d'un conseil municipal, une pétition signée par les propriétaires intéressés, ou une simple lettre du préfet aux ingénieurs ou de ceux-ci au préfet, est soumise de suite à une étude. La question de principe, est-il nécessaire de transformer les règlements existants? faut-il modifier les usages locaux? vaut-il mieux dans l'état actuel des choses procéder à une nouvelle réglementation? doit faire l'objet d'un rapport très complet de la part du service des ponts et chaussées.

54. — Cette première étude portant sur la question de principe, sera mise à l'enquête par arrêté préfectoral; cette enquête aura lieu à la mairie de la commune ou des communes intéressées après les publications nécessaires; elle durera 20 jours. Pendant ce temps il sera ouvert un registre d'enquête

1. Conseil d'État, 29 février 1860, Courtois; 18 avril 1860, Chauveau; 26 novembre 1863, commune de Coudun; 5 mars 1863, syndicat de l'Iévrette; 14 août 1867, Rame; 8 août 1873, Barret, Boyer et autres; 10 septembre 1864, de la Ferrière; 24 février 1865, Dr Pruvost et consorts; 16 août 1862, Lafforgue.

sur lequel seront consignées toutes les observations présentées par les intéressés. Le maire certifie l'observation de ces formalités.

Les pièces seront transmises au préfet qui soumet à nouveau le dossier aux ingénieurs, qui alors doivent visiter les lieux et instruire l'affaire au point de vue de l'exécution des travaux.

55. — Ce nouveau travail est soumis, par un arrêté préfectoral, à une nouvelle enquête en tout semblable à la première, sauf réduction du délai à 15 jours. Comme on le voit, cette seconde enquête porte exclusivement sur les dispositions du projet.

Après quoi le préfet donne son avis motivé et transmet le dossier au ministre des travaux publics qui demande l'avis du conseil d'État et provoque le décret autorisant ou refusant soit les modifications proposées aux anciens règlements ou usages locaux, soit un règlement de curage[1].

56. — Depuis la loi du 21 juin 1865 sur les associations syndicales, cet article 2 de la loi de floréal an XI ne peut plus recevoir d'application que quand il est impossible de constituer un syndicat, soit libre, soit autorisé. (Art. 26.) Les préfets devront donc, avant de solliciter un règlement d'administration publique, tenter l'organisation d'un syndicat entre les propriétaires et les intéressés; et ce n'est qu'en présence d'un refus formel de leur part qu'ils pourront faire procéder à l'instruction que nous venons de résumer en quelques mots.

57. — Des auteurs ont soutenu que, dans le cas de simple modification des anciens règlements, le préfet était compétent d'après les termes du décret de décentralisation de 1852; c'est une grave erreur, l'article 2 de la loi de floréal est toujours en vigueur, il n'a été annulé par aucun texte de loi, et le préfet, qui statuerait dans ces conditions, commettrait un excès de pouvoirs[2].

58. — Le décret qui interviendra devra contenir les dispositions suivantes :

Il sera procédé au curage de la rivière de..., tous les ans, ou quand le préfet le jugera convenable. — Les opérations de curage consistent à enlever les vase, sable, gravier ou autres dépôts, de même que les arbres tombés ou accrus dans le lit du cours d'eau, à élaguer les branches basses et pendantes; à faucarder les herbes et les joncs; à faire enfin disparaître tous les obstacles qui s'opposent au libre écoulement des eaux, de manière à rétablir le lit dans ses vieux fonds et ses vieux bords. — Le droit, pour les riverains, d'exécuter eux mêmes les travaux de curage, est réservé. — En cas de difficulté sur la détermination des vieux fonds et vieux bords, le préfet les constate, pour les différentes parties des cours d'eau, par un arrêté pris, après enquête de 15 jours dans chacune des communes intéressées, sur l'avis du maire et le rapport des ingénieurs. — Le préfet nommera parmi les intéressés une commission composée de ... membres, afin d'assurer la bonne exécution des travaux, la répartition et le recouvrement des dépenses. Cette commission, dans laquelle se trouveront toujours les maires de chacune

---

1. Instruction ministérielle du 19 thermidor an VI; — Circulaires ministérielles des 16 novembre 1834 et 23 octobre 1851.
2. Conseil d'État, 29 février 1860, Courtois.

des communes intéressées, indiquera au préfet les mesures nécessaires à prendre pour arriver au curage. — Les ingénieurs seront consultés. — Les travaux dirigés et surveillés par un membre de la commission ou une personne nommée à çet effet, seront contrôlés par les ingénieurs. — Aux époques fixées par l'arrêté préfectoral pour l'achèvement des travaux, le membre délégué de la commission, accompagné d'un homme de l'art, procédera à la vérification des travaux; les propriétaires qui ne les auront pas fait seront mis en demeure de les faire exécuter dans un délai de... — Le préfet pourra les faire exécuter d'office aux frais des retardataires. — Les dépenses des travaux seront supportées par chaque propriétaire riverain relativement au degré d'intérêt qu'il a à leur exécution. — L'état de répartition présenté par la commission sera mis à l'enquête et soumis à l'approbation du préfet, qui le rendra exécutoire. — Le recouvrement se fera comme en matière de contributions directes. — Les réclamations et contestations relatives au recouvrement des rôles et à l'exécution des travaux seront portées devant le conseil de préfecture.

59. — Le décret une fois rendu, le préfet redevient compétent en matière de curage, pour ainsi dire, comme s'il existait un ancien règlement; et cependant les dispositions de la loi de 1865 ont fait introduire dans le décret, la nomination d'une commission. Les tentatives faites pour aboutir à l'organisation d'un syndicat n'ayant pu aboutir, et le curage étant nécessaire, l'administration le fait faire d'office, mais, par cette disposition, elle agit pour ainsi dire sous l'inspiration des propriétaires intéressés.

Cette commission sera composée de propriétaires intéressés choisis par le préfet; le maire des communes intéressées en fera partie de droit. Elle sera chargée, sous la surveillance du préfet, de concourir aux mesures propres à assurer la bonne exécution des travaux ainsi que la répartition équitable des dépenses.

60. — Ainsi donc l'arrêté préfectoral qui interviendra pourra ordonner toutes les formalités que nous avons indiquées pour l'étude des travaux, la répartition des dépenses et leur recouvrement. (Nos 36 à 49, 89.)

61. — Encore un mot à propos du décret réglementaire qui aura été pris conformément à l'article 2 de la loi de floréal. Les règlements d'administration publique suivent le sort commun à tous les actes réglementaires; leurs dispositions sont assimilées aux dispositions législatives. L'acte réglementaire a la même autorité et produit les mêmes effets que l'acte législatif. Le premier effet de cette assimilation, c'est qu'il n'y a pas de recours contre les dispositions réglementaires. Elles empruntent leur force au pouvoir régulateur de la société, ont trait aux choses de son domaine imprescriptible et émanent du chef de l'État; on ne peut donc pas s'adresser à un pouvoir supérieur pour en faire contrôler le mérite[1]. A-t on à se plaindre de l'injustice ou de l'inopportunité des prescriptions qu'elles renferment, il n'est d'autre voie à prendre que celle ménagée pour la réformation de la loi elle-même; on réclamera près de l'autorité qui a l'exercice du pouvoir réglementaire; on en appellera au chef de l'État mieux informé.

1. Ordonnance, 30 décembre 1842, commission syndicale des palus de Cubsac.

La seule garantie accordée aux citoyens est le recours au contentieux pour défaut des formalités exigées par la loi, par exemple : défaut d'avis du conseil d'État, absence d'enquête[1].

III.

Loi du 21 Juin 1865.

62. — La loi du 21 juin 1865 nous indique un autre moyen plus pratique d'arriver au curage avec ou sans le concours de l'administration : c'est la constitution en syndicat des propriétaires intéressés.

Peuvent être l'objet d'une association syndicale entre propriétaires intéressés l'exécution et l'entretien de travaux... 2º de curage, approfondissement, redressement, et régularisation des canaux et cours d'eau non navigables ni flottables et des canaux de desséchement et d'irrigation. (Art. 1.)

Cette loi donne plus de latitude que celle de floréal que nous venons d'étudier ; en effet, ici l'approfondissement et le redressement sont permis sans que l'on soit obligé de recourir au règlement d'administration publique ; ainsi donc ce nouveau mode présente plus d'avantages. La loi de 1865 a voulu encourager l'initiative individuelle des propriétaires et provoquer l'esprit d'association, mais elle n'a pas entendu enlever au gouvernement le pouvoir dont il est investi par les lois des 12-20 août 1790, 5 avril 1884 et 14 floréal an XI.

63. — Les associations syndicales, une fois constituées, sont de véritables personnes morales, elles peuvent ester en justice par leurs syndics, acquérir, vendre, échanger, transiger, emprunter et hypothéquer. (Art. 3.)

64. — Elles sont libres ou autorisées. (Art. 2.)

§ 1er. — ASSOCIATIONS SYNDICALES LIBRES.

65. — Les associations syndicales libres se forment sans l'intervention de l'administration, par le consentement unanime des propriétaires intéressés. Ce consentement doit être constaté par écrit, c'est-à-dire par acte notarié ou par un simple acte sous seing privé, spécifiant le but et les conditions de l'association. Le représentant légal des incapables (mineurs, absents, interdits) peut, après autorisation du tribunal de la situation des biens, adhérer en leur nom à une association syndicale. (Art. 4, 5.)

66. — L'acte d'association doit être publié dans un journal de l'arrondissement ou du département, et dans le recueil des actes de la préfecture dans le délai d'un mois à partir de sa date (art. 6, 7). Cette formalité est exigée au point de vue des tiers ; on comprend facilement qu'il faut que ceux qui auront à contracter individuellement avec les membres de la société, sachent quels sont les propriétaires engagés dans la société et

1. Conseil d'État, 16 avril 1852, Grignon-Bonvallet ; 4 juin 1852, Gilles ; 4 mars 1858, Brion.

quelles sont les charges qu'ils ont assumées, et qui doivent peser sur leurs immeubles. Une association qui négligerait de remplir ces formalités ne pourrait pas jouir du bénéfice de l'article 3, c'est-à-dire qu'elle n'aurait pas la qualité de personne morale pouvant contracter et agir en justice par ses syndics.

67. — La loi ne pouvait pas exiger davantage. Les sociétés libres s'administrent dans les conditions fixées par l'acte d'association qui règle le mode d'administration, fixe les limites du mandat confié aux administrateurs, détermine les voies et moyens nécessaires pour subvenir à la dépense, ainsi que le mode de recouvrement des cotisations.

Les dispositions de la loi relatives aux associations autorisées peuvent guider les parties dans la rédaction de l'acte d'association ; il est certaines garanties qu'il est bon de préciser, ainsi il serait sage de toujours décider :

1° Que les syndics ou administrateurs seront nommés par l'assemblée générale, pour un temps déterminé, et renouvelables par tiers à l'expiration de ce délai ;

2° Que le projet d'ensemble des travaux à exécuter, plans, profils, emprunts, transactions, rôle de répartition des dépenses, budgets, comptes généraux, seront soumis à l'assemblée générale et approuvés par elle ;

3° Que le trésorier sera nommé par l'assemblée générale, qui fixera le chiffre de ses remises, ainsi que celui de son cautionnement ;

4° Que l'assemblée générale sera réunie une ou deux fois par an, au moyen de lettres individuelles adressées au domicile des membres de l'association.

68. — « Les associations syndicales libres, formées par application des articles 5, 6, et 7 jouissent du bénéfice des articles 3 et 4 qui leur confèrent sans doute des droits importants ; mais elles n'en conservent pas moins leur caractère de sociétés privées. Ainsi, soit pour le recouvrement des cotisations, soit pour le jugement des contestations relatives à la répartition ou à la perception des taxes, soit par l'acquisition de terrains ou l'établissement de servitudes, elles restent placées sous le régime du droit commun, et ne disposent d'aucun des moyens d'action que peut conférer l'intervention de l'autorité publique[1]. »

Ceci ne peut pas faire l'objet d'un doute, tous les litiges qui s'élèvent entre les membres d'une association libre au sujet de leurs droits et de leurs charges, et ceux qui s'élèvent entre la société et les tiers sont portés devant le tribunal civil.

69. — Toute association libre peut se transformer en association autorisée. Pour opérer cette transformation, il n'est plus nécessaire du consentement unanime des intéressés, mais d'une simple délibération prise par l'assemblée générale, conformément à l'article 12 ; c'est-à-dire qu'il suffira que la majorité des propriétaires représentant les deux tiers de la superficie des terrains, ou les deux tiers des intéressés représentant plus de la

---

1. Circulaire ministérielle, travaux publics, 12 août 1865.

moitié de la superficie, soient d'avis de se constituer en syndicat approuvé pour que l'autorisation puisse être accordée (art. 8). Toutefois, ces formalités ne pourraient s'accomplir si l'acte constitutif de l'association interdit sa transformation en association autorisée ou exige que la majorité ne soit pas celle dont il est parlé à l'article 12.

§ 2. — Associations syndicales autorisées.

70. — Les propriétaires intéressés aux travaux de curage peuvent être réunis en association syndicale autorisée, soit sur la demande d'un ou de plusieurs d'entre eux, soit sur l'initiative du préfet. (Art. 9; art. 1, § 2.)

Mais avant d'arriver à la constitution du syndicat, il y a des formalités préliminaires à remplir.

71. — Et tout d'abord il est formé un dossier comprenant : 1° un plan indiquant le périmètre des terrains intéressés; 2° un état des propriétaires de chaque parcelle indiquée au plan; 3° un avant-projet et un devis des travaux; 4° un projet de l'association spécifiant le but de l'entreprise et déterminant les voies et moyens nécessaires pour subvenir à la dépense (art. 10). Ce projet d'association déterminera aussi : 1° le minimum d'étendue de terrain ou d'intérêt qui donne droit à chaque propriétaire de faire partie de l'assemblée générale des intéressés; 2° le maximum de voix à attribuer à un même propriétaire ou à chaque usinier; 3° les bases de la répartition des dépenses de l'entreprise; 4° le nombre des syndics à nommer, leur répartition, s'il y a lieu, entre diverses catégories d'intéressés et la durée de leurs fonctions[1].

Les plans sont dressés par des ingénieurs des ponts et chaussées ou d'autres hommes de l'art.

Le projet ainsi préparé est soumis à l'enquête.

72. — Le préfet prend un arrêté prescrivant l'enquête dans la commune ou les communes intéressées; cet arrêté est publié par affiches, à son de trompe ou de caisse; notification spéciale et individuelle en est faite à chacun des propriétaires dont les terrains sont compris dans le périmètre intéressé aux travaux; l'acte de notification les invite en même temps à déclarer s'ils consentent à concourir à l'entreprise. Le dossier est déposé au lieu où s'ouvre l'enquête; elle dure 20 jours. Pendant ce temps est ouvert, à la mairie, un registre destiné à recevoir les observations des propriétaires intéressés; à l'expiration de ce délai, le maire certifie sur le registre d'enquête que toutes les formalités exigées par la loi ont été remplies, après quoi le commissaire enquêteur choisi par l'arrêté préfectoral recevra, pendant 3 jours consécutifs, à la mairie, aux heures indiquées par lui, les déclarations des intéressés sur l'utilité des travaux projetés; il signera les déclarations avec les parties et clora le registre en y mettant son avis motivé.

1. Décret, 17 novembre 1865. — Modèle d'acte d'association, circulaire ministérielle du 12 décembre 1878.

Le dossier ainsi complété sera transmis au préfet [1].

73. — Ensuite les propriétaires qui sont présumés devoir profiter des travaux sont convoqués en assemblée générale par les soins du préfet, qui choisit le président de la réunion, sans être obligé de le prendre parmi les propriétaires intéressés. (Art. 11.) Procès-verbal de cette réunion est dressé et joint au dossier.

74. — Cette délibération prise par l'assemblée générale peut avoir deux résultats opposés. Elle peut ne pas amener la constitution d'une majorité et, par là même, faire abandonner le projet; mais aussi elle peut former une majorité. D'après l'article 12, pour qu'il y ait majorité, il faut que le nombre des votants représente au moins les deux tiers de la superficie des terrains ou que les deux tiers des intéressés représentent plus de la moitié de la superficie. La loi, en consacrant le principe des majorités, a combiné avec le nombre des propriétaires, l'importance des intérêts qu'ils représentent, de manière à donner une garantie sérieuse des avantages probables de l'entreprise.

Si la majorité des propriétaires intéressés est favorable au projet, le préfet peut autoriser l'association.

75. — Un extrait de l'acte d'association et l'arrêté préfectoral sont affichés dans les communes intéressées et insérés au Bulletin des actes administratifs. (Art. 12.)

Cet arrêté peut être attaqué par les propriétaires dissidents et les tiers qui prétendraient que les travaux sont inutiles ou dangereux. Le pourvoi doit être déposé à la préfecture dans le délai d'un mois à partir de l'affichage de l'arrêté, et le préfet doit transmettre le dossier au ministre dans le délai de 15 jours; il est statué par un décret rendu en conseil d'Etat. (Art. 13.)

76. — La loi de 1865 a admis en principe, d'une part, que l'intérêt dans l'association résultant de la propriété, la représentation de la propriété dans les assemblées devait être, dans une juste mesure, proportionnelle à cet intérêt, d'autre part, que le choix des syndics devrait appartenir aux intéressés. Comme conséquence de ce principe, l'article 20 stipule que l'acte constitutif de chaque association fixe le minimum d'intérêt qui donne droit à chaque propriétaire de faire partie de l'assemblée générale, et que les propriétaires de parcelles inférieures au minimum fixé peuvent se réunir pour se faire représenter à l'assemblée générale par un ou plusieurs d'entre eux, en nombre égal au nombre de fois que le minimum d'intérêt se trouve compris dans leurs parcelles réunies; ainsi, si le minimum fixé est 1 hectare, les propriétaires possédant moins de 1 hectare peuvent se réunir et choisir autant de représentants qu'ils réuniront de fois 1 hectare.

77. — De même l'acte d'association devra déterminer le nombre de voix accordé à un même propriétaire. En effet, s'il convient de tenir compte de l'importance relative des intérêts, on ne saurait cependant donner à un

1. Décret, 17 novembre 1865; — Circulaire ministérielle du 20 novembre 1865.

même propriétaire une prépondérance exagérée dans les délibérations qui doivent régler les intérêts communs de l'association.

78. — Le nombre des syndics, c'est-à-dire des administrateurs, leur répartition entre les diverses catégories d'intéressés, et la durée de leurs fonctions doivent aussi être déterminés dans l'acte d'association. Les syndics élus par l'assemblée générale pour un délai fixé par les statuts, choisissent l'un d'eux pour remplir les fonctions de directeur. (Art. 21, 22 et 24.) Si l'État ou le département accordent une subvention au syndicat, le préfet a le droit de nommer des syndics dont le nombre est proportionné à la part que la subvention représente dans l'ensemble de l'entreprise. (Art. 23.) De cette façon la loi prévoit les différentes combinaisons nécessaires pour que les délégués de l'association représentent les divers intérêts en jeu, ceux des propriétaires de prairies, ceux des propriétaires d'usines; enfin, ceux de l'État, du département ou de la commune, dans le cas où l'État, le département ou la commune concourent à l'exécution des travaux en donnant une subvention.

79. — Qui pourra remplacer les syndics en cas d'absence? Pourquoi et dans quels cas les syndics sont-ils convoqués? Quelles sont les conditions requises pour que leurs délibérations soient valables? Quelles mesures prendre si des syndics s'abstiennent d'assister à toutes les délibérations? Quels sont les pouvoirs du directeur dans l'administration du syndicat? Quel est le rôle de l'autorité supérieure? Autant de questions qui sont laissées de côté par la loi de 1865.

Il est difficile de croire que la loi ait voulu s'en rapporter exclusivement sur tous ces points aux intéressés. Nous pensons que l'administration supérieure, qui a le droit d'organiser le syndicat, a aussi celui de poser, dans l'acte d'autorisation, les règles nécessaires pour la marche de la société et pour la sauvegarde de l'intérêt public[1]. Voici, par exemple, les dispositions qui pourraient compléter celles édictées par la loi :

80. — Le syndicat est convoqué et présidé par le directeur, et, en son absence, par le directeur adjoint.

81. — Il se réunit, soit en vertu de l'initiative du directeur, soit sur la demande de deux membres, soit sur l'initiative directe du préfet.

82. — Les délibérations sont prises à la majorité des membres présents; en cas de partage, la voix du président est prépondérante.

83. — La réunion devra se composer au moins de ... personnes pour que l'assemblée puisse délibérer. (Le chiffre des personnes dont la présence est nécessaire en pareil cas peut changer suivant l'importance du syndicat.)

84. — Si, après deux convocations, faites à trois jours d'intervalle et dûment constatées, les syndics ne se sont pas trouvés en nombre suffisant

1. DE PASSY, *Étude sur le service hydraulique*, appendice pièce n° 18; — AUCOC, *Conférences sur le droit administratif*, t. II, chap. VI, § 3, appendice II; — Conseil d'État, décrets des 31 janvier 1866 et 7 avril 1866.

pour délibérer, la délibération sera valable quel que soit le nombre des membres présents.

85. — Tout membre qui, sans motifs légitimes, aura manqué à trois réunions consécutives, pourra être déclaré démissionnaire par le préfet.

86. — L'assemblée générale, en nommant des syndics, pourra leur assigner des suppléants qui les remplaceront en cas d'absence.

87. — Les intéressés auront toujours le droit de surveiller les syndics; ils pourront prendre communication des délibérations du syndicat, du compte annuel de l'exécution des travaux, du projet de budget.

88. — Les emprunts ne pourront être décidés qu'en assemblée générale.

89. — Comme administrateurs, les syndics et le directeur désignent l'homme de l'art sous la direction duquel les travaux seront exécutés, décident si l'association aura un caissier spécial ou confiera ce soin au percepteur, nomment des gardes s'il y a lieu pour la surveillance, approuvent les projets de travaux, règlent le budget, préparent le rôle de répartition des dépenses entre les intéressés, d'après les bases admises par la jurisprudence et que nous avons indiquées plus haut (n° 21), discutent sur les procès à intenter ou soutenir au nom du syndicat.

90. — Le directeur a la surveillance générale des intérêts de l'association, convoque et préside le syndicat, représente le syndicat en justice, assiste à l'adjudication des travaux, signe les marchés, délivre les mandats de payement pour les sommes dues par le syndicat, peut ordonner des travaux en cas d'urgence, mais à la condition d'en avertir sans retard le syndicat et le préfet.

Ces dispositions sont empruntées en grande partie à la loi du 5 avril 1884 sur l'organisation et l'administration municipales; car il y a une certaine analogie entre les communes et les associations syndicales.

91. — Quant à l'autorité supérieure, le conseil d'État a accepté dans plusieurs décrets que nous avons indiqués plus haut (31 janvier 1866), qu'elle devait encore intervenir, malgré toute la liberté que la loi de 1865 semble vouloir donner aux syndicats.

Ainsi il a décidé que les projets de travaux devaient être soumis au chef de l'État quand il y avait lieu de prononcer une déclaration d'utilité publique; qu'ils devaient être soumis au ministre quand l'État accordait une subvention; qu'ils devaient être approuvés par le préfet quand il s'agit de travaux neufs qui pourraient avoir une action sur le régime des eaux et la salubrité publique. De même, il a été décidé que toutes les délibérations emportant des engagements financiers devraient être soumises à l'approbation du préfet; cela se comprend facilement, car son concours devient nécessaire dans plusieurs cas, et entre autres quand il s'agit du recouvrement des dépenses. On a même décidé que le préfet pourrait, après une mise en demeure, inscrire d'office au budget d'un syndicat, des crédits pour payer des dettes obligatoires et exigibles; de même, il pourrait signer un mandat de payement pour le payement d'une dépense inscrite d'office au budget si le directeur s'y refusait.

92. — Les travaux se font donc sous la surveillance du syndicat; si les statuts permettent aux propriétaires de les exécuter eux-mêmes dans la partie du cours d'eau qui longe leur propriété, ils devront se soumettre aux conditions imposées par le marché à l'entrepreneur. Comme conséquence forcée, le propriétaire qui aura bien exécuté les travaux ne devra pas être porté au rôle de dépense[1].

93. — Bien que les redressements, les élargissements et les approfondissements du lit soient compris, ainsi que le curage, dans l'article 1, § 2, de la loi de 1865, ils n'en doivent pas moins être autorisés par décret. (Art. 18.) Le projet, dressé conformément à l'article 10, sera envoyé au ministre qui, après avis du conseil d'État, provoquera le décret déclarant les travaux d'utilité publique. La fixation de l'indemnité sera faite conformément à l'article 16 de la loi du 21 mai 1836. Ces formes, tout en offrant aux intéressés des garanties complètes, sont plus simples et plus expéditives que celles de la loi du 3 mai 1841[2]. Ainsi, lorsqu'il y aura lieu de recourir à l'expropriation, le jury spécial chargé de régler les indemnités, ne sera composé que de quatre jurés. Le tribunal d'arrondissement désignera pour présider et diriger le jury, un de ses membres ou le juge de paix du canton. Ce magistrat aura voix délibérative en cas de partage. Le tribunal choisira sur la liste générale des jurés quatre personnes pour former le jury spécial et trois jurés supplémentaires. L'administration et les intéressés auront respectivement le droit d'exercer une récusation péremptoire. Le juge recevra les acquiescements des parties, son procès-verbal entraînera translation définitive de propriété[3].

94. — Comme nous l'avons dit en parlant de l'administration du syndicat, les dépenses se recouvrent au moyen de rôles dressés par les syndics. Ces rôles sont approuvés et rendus exécutoires par le préfet; c'est là une condition essentielle pour que leur recouvrement puisse se faire comme en matière de contributions directes. (Art. 15.) Ici nous retombons dans une question déjà traitée dans les chapitres précédents au sujet des lois de 1790, de 1884 et de floréal an XI. La contribution de chaque imposé devra toujours être relative au degré d'intérêt qu'il aura aux travaux effectués[4]; tout autre principe sur lequel le syndicat voudrait s'appuyer pour opérer une répartition différente pourrait paraître plus conforme à l'équité, à la saine appréciation des obligations respectives des intéressés, mais il ne serait pas légal[5]. Un propriétaire, qui aurait refusé de faire partie de l'association,

1. Conseil d'État, 28 mai 1868, marais de l'Isac.
2. Conseil d'État, 9 février 1872, Cosnard Desclosets et autres.
3. Loi du 21 mai 1836, art. 16.
4. Conseil d'État, 12 juillet 1855, Garnier; 29 janvier 1857, Gutzeit; 26 novembre 1863 commune de Coudun; 20 août 1864, Bisson; 26 juillet 1866, Améline; 17 août 1866, riverains du petit Odon; 17 juin 1868, Bergeron; 22 août 1868, O'Tard de la Grange et consorts.
5. Conseil d'État, 7 janvier 1857, Bayard; 16 août 1862, Lafforgue; 5 mars 1863, syndicat de l'Iévrette; 12 juillet 1864, Desgrottes; 22 mai 1865, Delaage; 20 février 1867, syndicat de Saint-Hilaire; 8 novembre 1872, Michelot.

peut être imposé si le syndicat est dûment autorisé[1]. Le rôle, une fois rendu exécutoire par arrêté préfectoral, est recouvré conformément aux prescriptions de la loi du 21 avril 1832[2].

95. — Toutes les contestations relatives à la fixation du périmètre des terrains compris dans l'association, à la division des terrains en différentes classes, au classement des propriétés en raison de leur intérêt à l'exécution des travaux, à la répartition des taxes et à leur perception, sont jugées par le conseil de préfecture sauf recours au conseil d'État. (Art. 16.) La loi de 1865 reproduit les dispositions de la loi de floréal; le conseil de préfecture est toujours compétent, car les travaux des associations syndicales sont en tous points assimilés aux travaux publics. De cette assimilation il résulte que tout ce que nous avons dit au sujet des indemnités qui pourraient être dues pour dommages aux propriétés, trouve encore ici son application[3]; seulement, le conseil de préfecture devra tenir compte des dispositions réglementaires qui pourront être insérées dans les statuts de l'association.

96. — La loi, qui a omis bien des dispositions relatives aux fonctions des syndics et à l'administration des associations, a aussi omis de trancher une question de compétence. Les syndics sont nommés par l'assemblée générale d'après l'article 22; mais on ne prévoit pas le cas où leur élection serait contestée. Ce fait peut se produire, et alors quel tribunal sera compétent pour juger la réclamation? Nous répondrons avec l'autorité de M. Aucoc : Le ministre des travaux publics, sauf recours au conseil d'État. Ces élections doivent être considérées comme des opérations administratives et jugées d'après les principes généraux qui régissent la juridiction administrative. Le conseil de préfecture ne serait compétent que si l'arrêté préfectoral constituant le syndicat disposait que les élections auraient lieu dans les formes établies pour les élections municipales[4].

§ 3. — DISPOSITIONS GÉNÉRALES.

97. — Sous cette rubrique la loi de 1865 prévoit les cas dans lesquels l'administration peut être appelée à intervenir pour faire ce que l'initiative privée ne suffirait pas à entreprendre ou à terminer, car l'intérêt public peut souffrir de l'inaction ou du défaut d'accord des membres d'une association.

98. — 1° Le syndicat peut avoir commencé des travaux qu'il n'achève pas ou ne pas entretenir ceux qui ont été exécutés.

Si l'interruption ou le défaut d'entretien des travaux peut avoir des conséquences nuisibles pour l'intérêt public, le préfet, après mise en de-

1. Conseil d'État, 14 mai 1870, Gromaud.
2. Voir n⁰ˢ 21, 41, 42.
3. Voir n⁰ˢ 43 à 49, 23 à 27.
4. Conseil d'État, 4 juillet 1867, syndicat de Longres.

meure, peut faire procéder d'office à l'exécution des travaux nécessaires pour obvier à ces conséquences. (Art. 25, § 3.)

De la discussion de la loi il résulte que cette disposition s'applique aussi bien aux syndicats autorisés qu'aux syndicats libres.

99. — 2º Le syndicat autorisé n'entreprend pas les travaux en vue desquels il a été autorisé.

Dans ce cas le préfet peut, après une mise en demeure, rapporter l'arrêté d'autorisation. (Art. 25, § 1.) Il sera statué par un décret rendu en conseil d'État si l'autorisation a été accordée en cette forme. (Art. 26, § 2.)

100. — 3º En parlant de la loi de floréal, nous avons dit qu'à défaut d'accord entre les propriétaires intéressés, il pourrait être procédé au curage conformément à l'article 2 de cette loi. (Art. 26.)

TABLE

DU CURAGE DES COURS D'EAU

NON NAVIGABLES NI FLOTTABLES

Loi du 21 juin 1865.

FIN.

Fontainebleau. — M. E. Bourges imp. breveté.

OUVRAGES DU MÊME AUTEUR

Conseils généraux et Conseils d'arrondissement; législation et organisation. — Paris, Paul Dupont, éditeur. . . . . 2 fr.

Des Bureaux de bienfaisance; organisation et administration, commissions administratives, agents et préposés, distribution de secours. — Paris, Paul Dupont, éditeur . . . . 1 fr.

Code du Chasseur; lois, décrets, circulaires ministérielles, jurisprudence. — Paris, Paul Dupont, éditeur. . . . . 1 fr.

La Garde nationale mobilisée de Saint-Dizier pendant la guerre de 1870-1871. — Saint-Dizier, Firmin Marchand, éditeur. . . . . 1 fr.

Manuel d'administration communale. Guide pratique des conseillers municipaux, maires, adjoints et secrétaires de mairie; commentaire de la loi municipale du 5 avril 1884. — Circulaires ministérielles. — Lois, décrets, ordonnances demeurés en vigueur. — Paris, Marchal-Billard et Cⁱᵉ, éditeurs. . . . . 8 fr.

Géographie physique, agricole, commerciale, industrielle, administrative et historique du département de l'Aube. — Avec cartes générale, géologique, et du cours de la Seine, plan de Troyes. — Troyes, Léopold Lacroix, éditeur. . . . . 8 fr. 50

Du Référé en matière administrative. — Paris, Pedone-Lauriel, éditeur. . . . . 0 fr. 75

Fontainebleau. — M. E. Bourges imp. breveté.